守りたい森がある

JN148202

奥村清明

はじめに

人は生まれながら、所与の条件には逆らえません。これは命令のようなものです。どんな時代に、どこの国で、どんな親の元で生まれるかは、選択などできません。だから、ある時代に生きた人の語りは、同じ時代に生きた多くの人々の経験を代弁しているようなものです。私の生きた時代は、昭和12年から今日までです。戦争を経て、飢餓の時代があれからずっと続いています。モノへの飢餓からココロへの飢餓に変わりました。日本人は溶けたアイスクリームのようにドロドロした状態に喘《あえ》いでいる感じです。ここからどう脱出するか、日本人の知性と倫理性が発揮されるときです。人間、みな顔が違うように生き方も千差万別です。その人の生き方は所与の条件を生かした、その人の選択によります。こんな生き方をした人もいたんだという、軽い気持ちで読んでいただければ幸いです。

奥村　清明

目次

守りたい森がある

■山に抱かれ

■生態系を壊すな

■開発と保護

■遺産の誕生

■年　譜

雨や風や雪の日も

山の中は安心します

山に登るたび、山の名前やその日の気象、確認した動植物、出会った人の名前や数などを記録してきた。登山靴を履いた回数も欠かさず書く。そうすると靴の耐久年数が分かるからね。

大学時代に友人と二人で北海道の大雪山系に登ったのが、初登山だった。あれから57年。記録を見返したら、通算で6800日ぐらい登っていた。

冬山で遭難しかけたこともあった。1962（昭和37）年の元日に、単独で鳥海山（2236メートル）に挑んだんだ。まだ経験が浅いのに、無謀だったよ。

真っ青な好天に気を良くしてスキーを履いて順調に登っていたら、突然、山頂手前で猛烈な吹雪に巻き込まれた。視界が白一色になるホワイトアウトというやつだ。方向を見失ってさまようち、尾根の縁から転落してスキーが折れた。危うく命を落とすところだった。

それでもまた山に行き続けているんだから、よほど山が好きなんだと思う。なぜかって？　われわれの遺伝子や脳には、森の音を心地よく感じるプログラムが組み込まれているらしい。『音と文明』（大橋力著、岩波書店）という本で知った。だから自然の中に身を置きたくなるんじゃないかな。

私は毎朝、太平山・前岳の女人堂（７１４《メートル》）に登っている。冬もかんじきを履いてね。通算で４４００日を超えた。17年前に教員生活にピリオドを打ってから、日課になったんだ。

登っていると、胸を打たれる瞬間がある。例えば、猛吹雪

太平山・前岳のブナ林を歩く＝2014年10月

の中で小さな木が倒されまいと必死にあらがう場面に遭遇したとき。晴れた日ばかり登ってちゃ駄目だね。雨や風や雪の日じゃなきゃ見えないものがある。人間はどれだけ必死で生きているのかな。

少年時代

「育ての親」は鳥海山

私は本荘町（現由利本荘市）の生まれです。1937（昭和12）年11月22日だから、日中戦争が始まった年だね。貸家に住んでいたそうだけど、さっぱり記憶がない。幼いうちに一家で秋田市に引っ越したからね。

清明《きよあき》と名付けてくれたのは母方の曽祖父。旧亀田藩の武士の子孫で、奥村清春《きよはる》という名前だった。自分と同じ「清」の字を使いたかったのでしょう。清く明るく、なんて立派過ぎるよ。

それにしても、生まれた土地のことを何一つ覚えていないというのは残念だ。でも考えてみたら、秋田市に移り住むまで鳥海山から流れる水を飲んで育ったわけだし、後に私が自然保護運動を始めたのも鳥海山。大げさにいえば、鳥海山は「育ての親」ってことだね。やっぱり由利本荘とは縁があったのかな。

おやじの新一（昭和56年、71歳で死去）とおふくろの梢（昭和45年、56歳で死去）は教師だった。おやじは昭和16年ごろ、県師範学校（現秋田大教育文化学部）の付属小から「来てほしい」と請われた。これがきっかけで秋田市に移り住んだんだ。

新たな住まいは川尻町保戸野境（現山王2丁目）にあった国鉄の旧官舎。畳の小部屋が五つあるこぢんまりした平屋の家だった。両親と姉、私、妹、弟の6人で暮らし始め、後で弟妹が2人増えると、2階を建て増しした。周りには家が6、7軒しかなくて、今、県庁や市役所がある場所もみんな田んぼだった。

すぐに仲間ができて、パッチ（めんこ）、ドジョウすくい、草野球、いろいろやった。冬は「げたスケート」で千秋公園の下り坂を競い合うように滑り降りた。車がほとんどない時代だから、やりたい放題。確か「がっぱ」と

1940年8月、2歳のころ。1年後に本荘町（現由利本荘市）から秋田市に移った

呼んだな。

それを履いて馬そりにつかまって遊ぶのがまた面白くてね。だけど馬が時折、大きいのを落とす。つまずいてひどい目に遭ったりもしたよ。本当にやんちゃだった。

岩谷村に3カ月疎開

確か、38歳のときと聞いた。おやじが旭南小学校（秋田市）の校長に抜てきされたのは。「職員の半分以上が自分より年上だ」と苦笑いしていた。岩谷村北福田（現由利本荘市）の農家に生まれたおやじは、4人きょうだいの末っ子で、母親のハツが手塩にかけて育てたらしい。

私は秋田師範学校の付属小2年のとき、この北福田の家に3カ月間、一人で疎開したんだ。1945（昭和20）年6月から8月の敗戦まで。秋田市で空襲の恐怖を感じたことはなかったけど、東京や名古屋、神戸とどんどん空襲される所が増えていた。「そろそろ秋田も危ない」という切迫した状況になったから、姉と妹が亀田町（現由利本荘市）のおふくろの実家、私が北福田に身を寄せたんだ。

おやじの実家は5、6軒のかやぶき農家が並ぶ山あいの集落にあり、すぐ近くを芋川が流れていた。大人3人と子ども6人の大家族。毎日、同じ年ごろのいとこと芋川に出掛け、牛の体に付いた泥を洗い落とし、川魚を捕って過ごした。

家に帰ると、ハツばあちゃんが、熱い飯のおこげに塩をまぶしたおやつを用意してくれていた。あのうまさといったら、忘れられないなあ。夜は途端に寂しくなって、ばあちゃんにしがみつくようにして寝たんだ。

毎日通ったのは岩谷国民学校の徳沢分校。先生は地元の老夫婦だった。わら半紙さえない時代だから、授業はできない。だから毎日山に行ってまき拾いさ。

当時の農村はどこも貧しくてね。弁当を持って来られない子どもがいっぱいいいて、昼になると教

疎開中の３カ月間通った徳沢分校＝ 1945 年ごろ、小笠原察雄さん提供

室からすっといなくなった。私は、ばあちゃんからご飯と梅干しの弁当を詰めてもらったけど、よくいたずらされたんだ。つばを付けられたり、ぐちゃぐちゃにされたり、泥を入れられたり。

随分嫌な思いをした。でも悪いのは戦争なんだよな。食べられなかった子どもの心情を思うと、かわいそうだった。

米求め、てくてくと

1945（昭和20）年8月15日、戦争が終わった。疎開先で離れ離れに過ごしていた家族は、また秋田市の家で一緒に暮らすことになった。住み込みで家事を担う若い女性も加わった。みんな「ねーや」と呼んだ。

とにかく食うのに困った。両親は共稼ぎだからお金はいくらかあったと思うけど、買う米がない。結局、疎開していた岩谷村（現由利本荘市）のおやじの実家に頼るしかなくなり、長男の私が米をもらいに行く大役を任された。

小学3年だった私は、一人で秋田駅から羽越線の汽車に乗り、羽後岩谷駅に向かった。酒好きのおやじには「米を忘れてもどぶろくは忘れるな」と耳打ちされ、毎回こっそり空き瓶を持たされた。駅からてくてく田んぼ道を歩き、芋川を渡ってさらに集落の砂利道を進んだ。途中で放し飼いの番犬に追い回されながら、4キロの道のりを1時間かけて歩くと、ようやくハツばあちゃんの家。疲れ切った私は、ぼろ靴を脱いでばあちゃんのご飯を「うまい、うまい」と言いながら腹いっぱいかき込んで、元気を取り戻した。

　小さな体で背負える米はせいぜい4升。それにどぶろくを詰めた4合瓶1本。リュックに入れると、また岩谷駅へ向かって砂利道を進んだ。駅には警察がいて、闇米検査をしていた。没収された大人が泣きわめきながら「取らないで」と警察にすがりつく姿を何度か見た。生活が懸かっているから、みんな必死なんだよ。私は「往復8キロも歩いたのに取られちゃたまらん」と思い、人混みに紛れて検査をくぐり抜けた。

　汽車に飛び乗ると、どこから乗ってきたか分からない子どもたちがいっぱいいて、網棚で寝てい

終戦後、米をもらうために通った岩谷村（現由利本荘市）の北福田集落＝2014年10月

た。身寄りのない戦災孤児だったのでしょう。通路にもごろごろしていた。子どもながらに「この人たちはどこに行くのかな」と考えた記憶がある。

空腹に耐えかねて…

終戦から2年たっても食糧難は一向に解消せず、困り果てた。米は貴重だったから、うちではお代わりは小さな茶わんで1回だけという決まりがあったんだ。小学4年の私は四六時中、おなかがすいてどうしようもなかった。

年に数回だけ腹の足しにできたのは、進駐軍の放出物資のザラメやサツマイモの粉。配給されるとすぐにふかし芋を作って、ザラメをたっぷり付けて食べた。でもこれが「危ないおやつ」だったんだ。ザラメには回虫が潜んでいて、食べると腹の中が虫だらけ。「腹が減るよりましだ」と思って、便所で虫と格闘するのを覚悟で口に運んだよ。あれには参ったね。

ある日、私は間違いをしでかした。空腹に負けたんだ。家に誰もいないのを見計らって、おひつをしまってある押し入れをそっと開け、中のご飯に手を伸ばした。その瞬間、後ろに人の気配を感じた。はっとして振り向くと、おやじが立っていた。何にも言わず、ただ黙って。そのまま無言でおひつのふたを閉め、すーっと立ち去った。

おやじは「勉強しろ」なんて一度も言わなかったけど、おふくろに口答えなんかするとすごいけんまくで怒り、夜でも私を外に放り出す人だった。

でも、あのときは全く怒らなかった。かえってショックだったなあ。外に出てわんわん泣いたよ。「こんなことはもう絶対にしない」と心に決めたんだ。だけど、本当に泣きたかったのはおやじだろうね。子どもに飯を満足に食わせてやれないなんて。私も教職に就き、親になってから、あのときのおやじのつらさが分かった気がする。

この間、部屋を掃除していたら、当時の通信簿が

家族が暮らした秋田市川尻町保戸野境（現山王２丁目）の国鉄旧官舎＝ 1958 年ころ

ひょっこり出てきた。担任教諭の通信欄を読んで噴き出したよ。「奥村君は授業中、いつもぼんやりして集中していません」と書いてあった。空腹で授業どころじゃなかったんだよ。

自由と平和

「勉強しろ」担任怒る

スポーツも賭け事もやらないおやじは、部屋にこもって本ばかり読んでいた。その影響を受けたのか、私も小学校の高学年になるとだんだん本に興味を持つようになったんだ。

学校の図書館で本を借りて片っ端から読みあさった。好きだったのは伝記物。エジソンとかヘレン・ケラーとか。特に野口英世の伝記は何回も読んだ。下積みの苦労を重ねた境遇と、黄熱病の研究に心血を注いで世のためになる仕事をした生きざまに引かれたんだ。

戦後、秋田男子師範学校は秋田大に変わり、その付属中学校に進むと、ますます本の世界に引き込まれた。3年生の時点でまだ敗戦から7年だから、世の中は混沌《こんとん》としていた。乱読するうち、「日本はなぜ戦争に走ったのか」なんてことを漠然と考えるようになったんだ。

高校受験のことなんて、ちっとも頭になかった。私のようなやからが学級にいたもんだから、担任の成田伊代吉先生（故人）は困り果てたと思う。受験が迫ったある日、ついに先生の堪忍袋の緒が切れた。顔を真っ赤にして「おめだぢ（お前たち）、なして（どうして）こう勉強しねんだ」と怒ったんだ。

当時は60人程度の学級が1学年に三つあった。先生は「隣の（学級の）町田君の話を聞いたか」と続けた。町田君は学年きっての優等生だった。「彼はな、勉強に集中して鼻血が出たのに気付かず、ノートが真っ赤になったそうだ。そこまで黙々と勉強してるんだぞ」。発奮を促したつもりだったのでしょう。

「とんでもない努力家がいたもんだ」と

1952年、秋田大付属中2年のころ。3年生を送る会で「佐渡ぎつね」を演じた（後列中央）

驚いた。でも勉強に興味がない私は、「どうすりゃ鼻血が出るほど勉強できるんだ」と不思議に思えてならなかった。「俺も頑張らなくちゃ」と少しは焦ればよかったけど。

ちなみに町田君は睿《さとる》という名前です。秋田高校に進んで生徒会長を務め、東大に入りました。さすがですね。今は北都銀行の会長をされています。

戦争は真っ平ごめん

サンフランシスコ講和条約が発効された翌年の1953（昭和28）年に、秋田高校に入学した。当時は秋田駅前の陸軍歩兵第17連隊の跡地（現在の秋田市民市場付近）に校舎があって、私は自宅から「カラン、コロン」と足駄《あしだ》を鳴らして通った。

千秋公園のお堀の前には県立図書館があって、朝7時半ごろから開いていた。通学途中に必ず立ち寄り、新聞に目を通すのが日課だった。

目が良くない私は、運動部に入らなかった。そしたら先輩が「『読書会』に来ないか」と誘ってくれた。よく分からないままのぞいてみたら、みんなで同じ本を読んだ後、放課後に空き教室に集まって感想を述べ合う真面目な会だった。

題材にしたのは木下順二の「蛙昇天」「夕鶴」や、魯迅の「阿Q正伝」など。月1回ぐらいの集まりだったと思う。あまりに高校生離れした高尚な議論を交わすもんだから、私は度肝を抜かれて「こんな秀才たちと一緒にいたら死んでしまう」と思ったよ。

学校近くの古びた映画館「読売ホール」で、よく映画も見たな。記憶にあるのはフランス映画の「禁じられた遊び」。これも読書会の題材になった。戦争孤児の少女と田舎の少年の交流を通して戦争の悲惨さを描いた見事な反戦映画だった。中学のころに芽生えた「もう戦争は真っ平ごめんだ」という思いが、この映画を見たのを機にぐーんと強くなり、読書量が増えたのを覚えている。

講和条約で日本は曲がりなりにも主権を回復した。だけど沖縄は本土と分断されてアメリカの統治下に置かれ、基地建設が進められた。読書会で先輩たちの議論に必死で食らい付いていくうちに、私はそうした米軍基地問題を自分なりに調べるように

秋田高校「読書会」のメンバーと記念写真に納まる（後ろから2列目の左端）＝1954年2月

なった。そして、「子が親を失うような悲劇は繰り返しちゃいけない」「反戦・平和を絶対に貫く」という意思が確固たるものになっていった。

心弾むうたごえ運動

2014年の国民文化祭に出演させてもらった。10月4日の開会式と26日の「合唱の祭典」で、秋田男声合唱団の一員として「秋田県民歌」などを歌わせてもらったんだ。秋田賛歌に感激し、涙が止まらなかった。

合唱を始めたのは高校時代。「読書会」で本の論評をするうち、「校内だけでなく他校の生徒とも交流して考えを語り合う場をつくろうじゃないか」という話になった。そこで始めたのが「うたごえ運動」だった。

秋田駅前にあった日米文化会館に、秋田、秋田北、秋田工業の生徒と秋田大学の学生が集まって、歌を練習したんだ。50人ぐらいいたかな。「蕗《ふき》の子」という会名だった。会館はモダンなコンクリート造りの建物で、英文の書籍がいっぱいあった。空き部屋を借りて、いろいろ歌ったんだ。「若者よ」「原爆許すまじ」とか、アメリカの「おおスザンナ」、ロシアの「カリンカ」とかね。

私は音楽に全く興味がなくて、中学のときも授業でよそ見をして「奥村、俺の話をしっかり聞け」なんて先生によく怒られていたんだ。でも、先輩に誘われて高校2年のときにうたごえ運動に行ってみたら、もう楽しくて楽しくて。毎回浮き浮きしたよ。だって秋田北高の女子生徒と会えるんだもの。

合唱で仲良くなったり、読んだ本の感想を話したり。出戸浜海水浴場でキャンプもしたな。北高の生徒から「規律が厳しい」といった悩みを聞いたりして、同年代のものの見方や考えに触れたんだ。運動での出会いがきっかけで結婚したカップルもいる。

練習した曲は、千秋公園の入り口にあった県記念館で発表した。すっかり音楽のとりこになった私は

うたごえ運動のメンバーと（後列左から２人目）。他校生との交流が待ち遠しかった

大学生や社会人になっても合唱を続けた。今の合唱団には16年前に仲間に誘われて入った。国文祭に出演できたのはうたごえ運動のおかげ。声が大きいといいことがあるもんだ。

岸首相誕生に危機感

「高校を卒業したら大学に行きたい」とおやじに相談したら、「仕送りだけは勘弁してくれ」と言われた。つまり「秋田大学にしてくれ」という意味だ。「『読書会』の先輩とまた会えるから、それもいい選択だろう」と自分で自分を納得させて、1956（昭和31）年に学芸学部を受験した。英語教師になろうと思ったんだ。都会の大学への憧れは多少あったけどね。

新入生は皆、学生（自治）会に入会させられた。正門から真っすぐキャンパスを進むと、突き当たりに管理棟があって、その2階に学生会の拠点があった。といっても10畳ぐらいのちっぽけな部屋だったな。

当時、首都圏では学生運動がヒートアップしていた。まだ穏やかだった秋田大学でも、だんだん運動が熱を帯びてきた。ちょうどそのころ、大変なことが起きた。57年2月、病気で退陣した石橋湛山の後継首相に、A級戦犯容疑で収監された岸信介が指名されたんだ。「軍国主義時代に逆戻りしてしまう。とんでもないことだ」と思った。

そんな危機感を抱いていたら、3年のときに先輩たちから「自治会の会長をやってくれ」と担ぎ上げられた。しょしがり（恥ずかしがり屋）で派手なことは苦手だったけど、「これはやるしかない」と覚悟を決めた。

あのころ主張したのは「反戦・平和」「飢え（貧乏）からの解放」「思想・表現の自由」の三つ。大学講堂で学生大会を開くたび、私は「岸内閣は安保改定をもくろんでいる。断固阻止しよう」と訴えた。

〈日米の安保改定交渉が始まった58年10月、政府は警察官の権限を強化する警察官職務執行法改正案を国会に提出。各地で反対闘争が展開

秋田大３年のころ。学芸学部学生会の会長に担ぎ上げられた

された末に廃案となる。この運動が後の安保闘争につながっていった〉

当時の学生運動を熱くさせたエネルギーの根源は、再び戦争国家へ突き進むことへの危機感であり、つまりは岸内閣への反発だった。

上京して反戦唱える

私が学生運動をしていた当時、秋田大学学芸学部の学生会は全日本学生自治会総連合（全学連）には加盟していなかった。でも都内でデモや集会の時は逐一、われわれの元にも招集の連絡が入ったので、いつも2、3人は駆け付けた。私も多いときで月2回上京したな。

奥羽線の夜行列車は蒸気機関車で、到着すると体中すすで真っ黒だった。われわれは上野駅に着くと、すぐに世田谷区にある秋田寮（本県出身の男子学生のための県育英会東京寮）に向かい、顔を洗って腹ごしらえさせてもらった。それから銀座でのデモや日比谷野外音楽堂での集会に参加。平和を叫んで目抜き通りを行進し、香山健一全学連委員長の演説を聞いたんだ。

〈東大在学中の1956年に全学連委員長となった香山は、58年に共産党を除名され、共産主義者同盟（ブント）を結成。安保闘争を指導した〉

野外音楽堂での集会は毎回すごい熱気だった。私は秋田大の学生会旗を掲げ、地方の大学から駆け付けた他の参加者と共にステージに立ち、香山委員長を取り囲むようにして2、3時間に及ぶ演説を聞いたんだ。彼は興奮することなく、諄諄《じゅんじゅん》と聴衆を諭すような語り口で、岸信介内閣が自主防衛を強化しようとする動きを冷静に批判した。

「警職法（警察官職務執行法）」のようなキーワードが出るたび、私は必死に覚えて、秋田大学の学生大会で「警職法改正案が国会を通過すれば、学問の自由が阻害されかねない」などと真剣に唱えた。戦後に得た表現の自由を実感したいという思いがあったんだと思う。

あのころ、世間には「学生が反戦を叫ぶのはいいことだ」と歓迎

学生会でも陳情
秋大新卒の就職問題で
学生会 設立か
学校当局は総会開催を不承認

学生会の設立の動きや陳情活動について伝える秋田魁新報（1953年2月2日付と56年6月17日付）

する雰囲気があった。銀座でデモをすると、拍手して「頑張れ」と声を掛けてくれる市民も多かったんだ。だから運動は大学教官や市民も巻き込んで国民的なうねりに発展した。われわれの主張は間違っていないと、確信していた。

10年間で運動が変貌

中学のころから「戦争は嫌だ」と思ったわけだから、「戦争放棄」を叫ぶ学生運動に夢中になったのは当然だよね。必要な主張だったと今も思っている。だけど、運動に傾倒したのは青春の一ページにすぎない。だって学生は卒業し、職を得なければならない立場にあるんだもの。その後、結婚して家庭を築いて…。そうした将来を棒に振ってまで、運動に熱を上げるつもりはなかった。

だから慣例通り、大学3年のとき（1958年10月）に会長を後輩に引き継ぐことにしたんだ。「ようやく身軽になれる。これで卒論が書ける」と思い、心底ほっとしたよ。もちろん後輩たちには「側面支援を続ける」と約束し、身を引いた後も相談に乗った。

ところが学生運動はその後の10年で大きく変貌する。一枚岩だった全学連は60年安保闘争のころから分裂が続き、60年代後半の全共闘運動につながった。

私は全共闘世代の学生の考え方が、さっぱり理解できなかった。「大学解体」とか「自己否定」とか、「何それ？」と思った。世間の目を引こうとしてどんどん運動が過激になって、やがて東大・安田講堂事件や連合赤軍のリンチ事件、あさま山荘事件が起きた。暴力に訴えたんだよな。

彼らは丸山真男（1914〜96年）など戦後を代表する知識人が蓄積した研究資料も焼いてしまった。丸山は「こんなことはナチスだってやらなかった」と本で回顧していた。私も許せない暴挙だと思った。文化人や知識人をつるし上げた毛沢東（中国）の文化大革命の影響も受けたんだろうね。

秋田大でも60年代後半に、施設封鎖や学生が逮捕される事件があった。もし自

秋田さきがけ　昭和44年7月11日　金曜日

機動隊、実力で封鎖解除

学生二人を逮捕

火炎ビン、投石、バリケード

秋大

周辺住民

畳をはが、

〝市街戦

卒業後の秋田大では大学紛争が激化。学生による施設封鎖が続き、1969年7月に県警が実力解除した（同月11日付の秋田魁新報）

分が10年後に生まれていたらどう行動していただろう。少し前まで学生運動に携わっただけに、時折考えることがある。でもやっぱり私は、暴力だけは否定したと思う。

山に抱かれ

大雪山で別世界知る

大学3年の夏、友人と二人で北海道へ旅に出た。1958（昭和33）年8月だった。汽車と青函連絡船を乗り継いで津軽海峡を渡った。

道内の大学寮は夏休みでどこもガラガラで、「秋田大学の者ですけど」って一声掛けると快く泊めてくれた。貧乏学生にとってはありがたくてね。おかげで約2週間、ほとんどお金を使わずに過ごせたんだ。

計画も立てず道内をブラブラするうち、層雲峡という断崖絶壁の景勝地に立ち寄った。そこで「せっかく北海道に来たんだから、有名な大雪山に登ってみるか。ここから近いから」という話になった。軽い気持ちだったんだなあ。

でも行き当たりばったりだから、登山の装備なんて何もないわけ。道具をそろえるだけの余裕もない。しょうがないから古びたズックに綿のズボン、シャツという軽装、つまり普段着にリュックを背負っただけの格好で登り始めたんだ。

最初に挑んだのは大雪山系の黒岳（1984メートル）。標高670メートルの層雲峡温泉を出発し、夏の日差しを浴びてウンウン言いながら登ったんだ。進んでいくと、だんだん樹木がなくなって、きれいな高山植物の花畑と雪渓の世界に変わる。「へえ、山の上にはこんな別世界があったのか」と衝撃を受けたね。これが私にとって記念すべき初登山だった。

それまで山の雰囲気を知らずにいたと思うと、すごく損をしたような気分になって、次の日には北海道で最高峰の旭岳（2291メートル）に挑戦した。山から見下ろした下界の茫洋《ぼうよう》とした景色があまりにきれいで、心を打たれた。人間が生活を営む街も遠くに小さく見えたよ。

何時間もかけて山頂に到達したときはすがすがしくて、何ともいえない達成感に満たされた

初めての登山で、大雪山・黒岳の山頂に立つ＝1958年8月

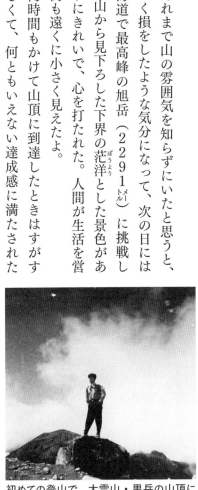

ね。その後、黒岳にも旭岳にもリフトやロープウエーが設置され、途中から簡単に登れるようになった。隔世の感を禁じ得ないね。

トロッコで太平山へ

学生運動が一段落しても、ゆっくりしていられなかった。卒業論文を仕上げなきゃいけないし、家庭教師のアルバイトで生活費も稼がないといけない。秋田大学学芸学部に入ったときに英語教師になると決めていたから、就職活動はしなくて済んだけどね。

卒論はアメリカの偉大な詩人ホイットマン（1819〜92年）をテーマに選んだ。でも卒論に没頭すればするほど、北海道の大雪山で見たあの雄大な景観が頭に浮かんでくる。「ああ、また山に行きたい」。そういう衝動がだんだん抑え切れなくなる。だから少しでも暇ができると、太平山や鳥海山に登った。

大学3年の1958（昭和33）年当時、秋田駅の東側には秋田営林局の貯木場があって、そこから太平山に向かって「仁別森林鉄道」が敷かれていた。太平山で切り出された天然秋田杉を運んでいたんだ。

〈仁別森林鉄道は、農商務省秋田大林区署（現東北森林管理局）が1909（明治42）

年に敷設を開始。43（昭和18）年に延長23・3キロに達し、68年に廃止されるまで木材を運んだほか、沿線住民の交通手段としても重宝された〉

森林鉄道のディーゼル機関車は、貨車だけでなく、10人ぐらい乗れる客車も1、2両けん引していた。藤倉や仁別の住民は自由に乗り降りできたんだ。営林局のサービスだね。

お金も車もない私は、秋田駅で「（登山口のある）旭又まで何とか乗せてください」と友人と一緒に頼み込むわけ。仮に満員でも貨車に乗せてもらってね。おおらかな時代だったよ。

あのころは、幹が太くて根元に青々としたコケがびっしり付いたブナの古木がどこにでもあった。そ

太平山に向かって延びる仁別森林鉄道＝1959年

れはそれは圧巻だった。足元には透き通った清水が流れていて、何とも言えない心地よさだった。

でも見事なブナ林を眺められたのはほんのいっときだった。58年から、ブナがものすごい勢いで切り倒されたんだ。

阿仁町で教壇に立つ

秋田大学にいた当時、教員採用試験を受けて落ちる学生はほとんどいなかった。私も無事に試験に合格し、1960（昭和35）年9月、阿仁町（現北秋田市）の阿仁合小学校に「助教諭」という立場で採用された。

〈阿仁町史によると、当時、小学校は6校あり、児童数は計1945人。うち阿仁合小は898人で町内最大だった。2014年現在は阿仁合と大阿仁の2校で、児童数は計68人〉

校舎は木造2階建てで、まだ築10年の新しい建物だった。私は校舎のすぐ向かいにあるお菓子屋さんに下宿させてもらい、一人暮らしを始めたんだ。

新任式の日。背広なんてあるわけないから、学生時代の山用のシャツを着て、胸を弾ませて職員室に入った。そしたら事務の職員が「先生、さすがにその格好だば、ちょっと…」と言って上着を脱いで、「今日だけこれ着てけれ」と貸してくれた。初日から赤面しちゃったよ。

受け持ったのは4年生48人。教壇に立ってキラキラと目を輝かせる子どもたちを見たら、身震いした。「この子たち一人一人の能力や個性を引き出す責任が、俺にはあるんだ」と新米教師なりに感じたんだね。

4年生の大半は、一番最初に算数の分数の概念が理解できなくて悩む。授業中に子どもがふっと目をそらすと、「先生の言っていることが分からない」という意味なんだ。その都度、「あれ、どこでつまずいたかな」と私も一緒になって考えた。

分かりやすくかみ砕いて伝えようと、食べ物を分け合う例題を出してみたり、ベテラン教師に何度も助言を求めたり。「絶えず研さんを積まなくちゃ、やっていけな

阿仁合小で教え子たちと（前列左から４人目）

い」と思い、あれこれ頑張ったんだ。

初めての給料は8200円だった。このうち5千円を下宿代として支払ったから、お金はあまり手元に残らなかった。翌年4月に森吉町（現北秋田市）の米内沢中学校で正式に任用されてから、ようやく月賦で初めて背広を買うことができた。

負けるなよ「金の卵」

阿仁合小学校にいたのは半年だけで、1961（昭和36）年4月、隣の森吉町（現北秋田市）の米内沢中学校に移った。助教諭ではなく、今度は晴れて教諭です。

私が担当したのは英語。中学生が初めて習う教科でしょ。スタートで生徒が自信を持てれば、その後も抵抗感なく学んでいける。だから、授業では教科書の英文を丸々暗唱させて英語を口ずさめるようにした。ちゃんときれいな発音でね。できないと放課後に居残りですよ。

それから、予習復習の徹底。英単語の意味も分からず授業を受けたのでは力が付かない。私は授業で必ず一人ずつ指名したから、生徒がサボるとすぐばれる。厳しいでしょ。保護者も子どもの変わりように驚いていた。「先生、うちの子だば朝起きた途端に英語の教科書を読んでる。どーしたべ？」ってね。

2年生の学級担任をして、そのまま3年生に持ち上がった。生徒が卒業すると、私は夜に米内沢駅に向かった。集団就職列車に乗り込む教え子たちをホームで見送るためにね。高度経済成長の真っ盛り。彼らは「金の卵」なんて言われて都会に出て行ったんだ。

車窓から身を乗り出して泣きじゃくる教え子も、「体さ気を付けれよ」と声を掛ける親の姿も、つらくて見ていられなかった。

でも子どもたちは、自分が置かれた立場を受け入れていたのでしょう。列車が動きだすと、メソメソするのをすぐにやめたよ。時代の流れとはいえ、まだあどけない子どもたちを見ていると、やるせなさを感じて涙が止まらなかった。

秋田駅を出発する集団就職の子どもたち= 1958 年 3 月

「一人一人にせめて千円の心付けを」と思ったけど、月給1万2千円の私にはとても無理だった。申し訳ないと思いながら教え子の手を握り、森永の20円のキャラメルを渡した。「これを食べて元気出せ。何があっても負けるなよ」。そう言葉を掛けるのが精いっぱいだった。

鳥海山で九死に一生

米内沢中学校に勤めていたころ、生涯忘れられない登山を経験した。1962（昭和37）年の元日に一人で鳥海山（2236㍍）に挑戦したんだ。まだ通算で40日しか山登りをしたことがないのに、「どうしても冬山に登りたい」と思ってね。今考えると無謀もいいところだ。

山形県遊佐町の吹浦駅で汽車を降りて、小野曽という開拓集落からスキーで登った。あのころは山スキー用の金具なんてない。だからスキー板に登山靴を長い革ひもでグルグル巻き付けただけだった。「ラングリーメン」という固定方法だったね。派手に転ぶと板か骨のどっちかが折れてしまう。今考えると、すごく恐ろしい道具だよな。

初日の30日は3合目、2日目の大みそかは5合目の山小屋に泊まり、いよいよ元日の朝を迎えた。小屋を出ると空は見渡す限り真っ青。「よし、アタックできる」と思って意気揚々と登り始めた。外輪手前までは何の問題もなくたどり着けたんだ。

ところが、急斜面を横切る難所に差し掛かるとき、天気が一変した。体ごと飛ばされそうな猛吹雪に遭い、スキー板さえ見えなくなった。すさまじいホワイトアウトで、立ち止まれば1分で体が凍り付きそう。「これはまずい」とすぐ引き返した。

「冷静に」と自分に言い聞かせて、とにかく登るときに目印として斜面に刺した赤い旗を探すことに専念した。そしたら突然、体が宙に浮いてドーンと強い衝撃。がけから転落したらしく、しばらく動けなかった。骨が折れたら「万事休す」だけど、どうにか立ち上がることができた。スキー板が身代わりになってくれたん

途中までは雲一つない快晴だった＝1962年元日、7合目の御浜から

だ。片方がボキッと真っ二つに折れていたよ。運が良かった。

吹雪の切れ間に「こっちだな」と見定めてさまようこと3時間。ようやくちらっと赤い旗が見えて「ああ、助かった」と思った。あの一件以来、「生きていくのは自分の至らなさとの闘いだ」と考えるようになったんだ。

「魔の晴天」悲劇生む

冬の鳥海山で危ない目に遭わなかったら、無謀な山登りをずっと続けたんじゃないかな。でも遭難しかけて冬山の怖さが身に染みた。地図を見る目も天気図を読み解く力も未熟過ぎて全く話にならない。「これじゃ駄目だ」と痛感したんだ。

それからは猛勉強。雲や風の流れ、湿気とかで数時間の天気を予測する「観天望気」や、天気図の書き方なんかを必死で覚えた。自分で納得しないと不安を拭えない性分なんだよ。

鳥海山に挑んだときの気圧配置を確認したら、あの天気の急変は「疑似好天」という現象だと分かった。

〈疑似好天は低気圧に風が吹き込んで一時的に雲が消え、悪天候の合間に晴れ上がる現象。すぐ荒れ模様に変わる。冬の日本海側で寒冷前線が通過する際、よく起きる〉

つまり鳥海山で見た雲一つない真っ青な空は、錯覚みたいなものだったってことだ。

2年後の1964（昭和39）年、米内沢高校に勤めていた私は、再び「魔の晴天」の怖さを知った。正月に岩手山に登山後、下宿に戻って服を乾かしていると、当時所属していた大館山岳会から電話が入った。「青森県の岩木山で大館鳳鳴高校の山岳部員が遭難した。すぐ捜索に向かってくれ」。聞いた瞬間、「まさか」と背筋が凍る思いがした。

この遭難事故では5人のうち1人だけ生還し、残る4人は凍死した。彼らは青空がのぞいたとき、焼止小屋《やけどまり》（1060メートル）を出発して山頂（1625メートル）を目指していたそうだ。ところが山頂からの下山途中、猛吹雪で身動きが取れなくなった。それであの遭難が起きた。まさに疑似好天だったんだね。

彼らは「スキーの練習をする」と言って入山した。学校には「焼止小屋

猛ふぶき 気づかわれる鳳鳴高生
食糧は二食分だけ
今朝から本格的捜索
無気味に鳴る半鐘
対策に深刻な表情
父兄が学校につめかけ
雪をかきつつ頂・
五人元気に登

大館鳳鳴高の山岳部員の遭難を報じる秋田魁新報（1964年1月8日付）

より上には行かない」と約束していたはずなのに。目印の赤い旗も持たずに登るなんて。青空に引き寄せられたのか、それとも過信したのか。

なぜ登ったんだろう

大館鳳鳴高校山岳部の遭難事故から今年で51年になる。１９６４（昭和39）年1月6日の発生から最後の遺体が見つかる14日まで、青森と秋田両県から延べ２０６３人が捜索に駆け付けた。横手高校山岳部ＯＢで当時大学生だった寺田典城前知事も来ていたようだ。

捜索のときはひどい吹雪だった。途中で雪を掘った跡が見つかって、チョコレートの殻や小便の跡もあったから「ここでビバークしたな」とすぐ分かった。寒さをしのぐために雪の上に敷いたであろう綿の体育着がバリバリに凍っていた。高校生が震えながら一晩を過ごしたと思うと、ふびんでならなかった。

彼らには理解し難い行動が幾つかあった。まずは学校との約束を破って山頂に向かったこと。しかも、登る途中で地元の山登りのベテランと会った際、「天気が荒れてきたから引き返した方がいい」と忠告を受けたのに登山を強行した。山に入る前日に徹夜して遊んだり、当日も乗るはずだった汽車に遅れたり。冬山に入る心構えとしては、首をかしげることだらけだった。

冬山を熟知した経験豊富な顧問やリーダーがいればよかったんだけど。せめてＯＢが一人でも付き添っていれば、悲劇は避けられたはずなのに。捜索活動や遭難状況の聞き取りをするうち、事故の要因は疑似好天に加え、安易な状況判断と経験不足だったんじゃないかと思えてきた。本当に残念でならない。

最後の子が見つかった日は雨だった。雪が少し解けてヤッケが雪面からのぞいて、ようやく発見されたんだ。「神様のおかげだ」と親が泣いていたのを今でもよく覚えている。

大館鳳鳴高校が 1965 年に作成した遭難誌「岩木嶺《れい》に眠る兒《こ》らに」

この遭難は全国に衝撃を与えた。文部省（現文部科学省）は事故を機に高校生の冬山登山を原則禁止にした。県内の山岳部の指導者も講習会を開いて、教訓にしようと研修を重ねたんだ。加熱する登山ブームに警鐘を鳴らす痛ましい事故だった。

生態系を壊すな

ブナ退治が始まった

1960（昭和35）年10月、初めて森吉山（1454㍍）に登った。阿仁前田駅から出るトロッコ（森林鉄道）に乗せてもらって登山口まで行った。山はうっそうとした黄金色のブナ林がどこまでも続いていて、息をのんだね。圧巻の錦絵だった。

3年後、勤務先の米内沢高校に「全校登山をやってみるすべ」と提案してみた。校舎からは分厚いブナの毛布にくるまれた森吉山がバーンと見えるし、「森吉山の気高さに」と校歌にも出てくる。まさに故郷の象徴だからね。卒業後、都会に出ていく生徒が森吉山のことを知らなかったら恥ずかしいでしょ。

実際にやってみたら生徒も先生たちも大喜びだった。登り切った達成感をかみしめて、みんな笑顔になったよ。あんまり好評だったから、その後もあちこちの赴任先で全校登山をやったんだ。

ところが、裾野までブナに覆われていた森吉山は、どんどん無残な光景に変わっていった。林野庁が58（昭和33）年から始めた「拡大造林政策」で、ブナの原生林がバタバタとなぎ倒されていったんだ。跡地には成長の早いスギがどんどん植えられたけど、雪深くて満足に育たなかった。

森吉山は都会の登山愛好者が「一度は行ってみたい」と憧れた山なんだ。マタギの猟場でもあった。ブナの森は水をためて、豊かな生態系を育んで…。こういう森の機能は、林業のプロである林野庁の役人にとっては言わずもがなでしょ。知らないはずがないもの。それなのに、郷土が誇るべき財産を何のためらいもなく傷つけるなんて。

「これはブナ退治だ」と思ったね。全校登山を

初めて登った森吉山で。ブナ林を抜け、山頂にたどり着いた＝1960年10月

体験して都会に出た生徒たちが何年か後に森吉山を見たら、がっかりしたに違いない。「橅」と書いてブナ。一体、いつからこんな字を使い始めたんだろうか。用材として役に立たない「無用な木」という意味らしいね。ばかにしてるよ、全く。

山の悲鳴が聞こえる

米内沢高校に2年間勤務した後、1965（昭和40）年4月に金足農業高校に転勤となった。5年ぶりに秋田市での生活に戻り、66年3月に中学校の理科教諭をしている高橋政子と結婚した。お互い28歳だった。彼女は大学の同期。専攻していたのは化学で、17年前に秋田東中学校で定年退職を迎えた。

結婚を機に、私は秋田市将軍野三区（現土崎港東）の妻の実家で暮らし始めた。運転免許を取ったのもちょうどその年。すぐ中古の「スバル360」というベージュの小さな車を買った。丸くてかわいらしく、「テントウムシ」と呼ばれていたね。あのころはまだ、マイカーを持っている人はそんなに多くはなかった。

その次に乗ったのはトヨタの青っぽいパブリカ。これは小回りが利くいい車だった。車を持つと一気に行動範囲が広がって、生活が一変したよ。

勤め先の金足農高で初めて山岳部の顧問になった。車があるから山に行く回数はぐーんと増えたよ。やっぱり経験と知識がないと、責任を持って生徒を山に連れて行けないもの。

でもね、山に行くたび、がくぜんとしたよ。「ブナ退治」の現場に遭遇したからね。森吉山も鳥海山も、ブナの森がバリカンで刈られたようにはげ山にされて、伐根だけがごろごろ散乱していた。山肌を重機で削り、邪魔な岩や土砂は所構わずただ寄せ集めておくだけ。

こんな乱暴なことをいつまで繰り返すんだろうと思っても、一人じゃ何にもできない。目の前でブナの古木がバタン、バタ

ブナの伐根が散乱した森吉山・ノロ川上流部の伐採跡地＝1970 年代

ンと切り倒されていく。見るのが忍びなくて、もうやめてくれと叫びたくなった。鳥海山は県民が誇りに感じる名峰だよな。「秀麗無比なる」と秋田県民歌に出てくるくらいだから。それでも伐採は全くお構いなしだった。いったん山が荒れてしまうと、なかなか元には戻らない。山の悲鳴が聞こえてきそうだったよ。

アルプスで見た秋田

地球温暖化はものすごいペースで進んでいる。ヨーロッパアルプスに登ってみてそう実感した。１９７３（昭和48）年8月に見たマッターホルンは、山肌が氷河や雪に覆われて真っ白に輝いていたけど、35年後にもう一度行ってみたら、岩肌が目立っていた。谷間の氷河も解けて１００メートルぐらい薄くなったと聞いた。深刻な問題だ。

73年に訪れたのが、私にとっての初の海外経験。当時は秋田工業高校に勤めていて、六つ年上で本荘高校教諭の斎藤重一さんと二人で行った。どちらも山岳部顧問だったから、登山技術の研修という目的で1カ月間、アルプスを登り歩いたんだ。

モンブラン、メンヒ、モンテローザ、マッターホルンは頭文字に「M」が付くから、「4M」と勝手に名付けてね。さすが名峰。神々しい山容だったよ。

でも、どこの山も動植物の種類が少ないと感じた。木といえば針葉樹、動物といえばマーモット（リス科）という感じで、単調な印象を受けたんだ。氷河や岩場の厳しい環境下では、生息できる動植物が限られるんだろうね。

それに比べ、秋田の山や森の生態系は豊かだ。絶妙なバランスの上に成り立っている、とあらためて実感したよ。県内の山が重機で荒らされる状況をますます見過ごせなくなった。

77年10月、私は初めて本を出した。県内の山の美しさが損なわれつつある実態を、一人でも多くの人に知ってもらいたくてね。県内の代表的な24の山と43の登山コースを『秋田の山』(無明舎)というガイドブックにまとめたんだ。この本は何度か増刷されたから、そこそこ売れたんじゃないかな。

アルプスでは秋田の一端を見たよ。ロープウエーでミディ(3842メートル)という岩峰に

切り立った山肌が印象的なマッターホルン＝2008年

上がったら、建物の壁に「秋田県議員団」と落書きしてあるのを見つけた。税金で研修に行った県議が何をしているのかね。週刊誌に書かれて落書きした本人が謝罪していた。ああ恥ずかしい。

ゴンドラはいらない

秋田魁新報を見て仰天したことがある。１９７８（昭和53）年10月31日の紙面に「アルペンコースにゴンドラを設置／鳥海山北東斜面／観光にデッカイ計画」と見出しが躍っていた。「また秋田の宝を傷つけるのか」と腹が立ち、頭から湯気が上がる思いがした。

〈計画は、全日本スキー連盟が77年9月に「スキー選手強化のためリフトかゴンドラの施設を造ってほしい」と矢島町（現由利本荘市）に要望したのがきっかけで浮上。財政不足を懸念した町は78年5月、県に設置促進を陳情した〉

確かに矢島口の登山道がある北東斜面は、4千㍍をノンストップで滑り降りられるコースになる。こんな場所はほかにない。5月の連休には全国からスキーファンがどっと集まって、すごい人気だった。マイカーが普及して鳥海山の素晴らしさが知れ渡ったんでしょう。

そこにスキー連盟も目を付けたようだ。町は観光開発の目玉になると思ったのか、すぐ前のめりになった。陳情を受けた県も、直ちに観光開発に向けて検討に入ったんだ。

山肌を傷つけるこの計画は、まるで人の肌にナイフを立てるようなものだ。私は親交のあった高校教諭の斎藤重一さんや荘司昭夫さんたちと、計画を中止に追い込むために連携することを確認し合った。3人とも山岳部顧問を経験して鳥海山には詳しかったし、県山岳連盟の理事でもあった。山形県の保護団体とも連絡を取り合った。

斎藤さんは反対運動の先頭に立ち、6歳年下の私は運動の進め方を彼から一つ一つ教わった。荘司さんも

登山客らでにぎわう鳥海山の七高山山頂＝ 2012 年 5 月

魁新報に投稿して山の汚染や遭難対策などへの問題提起をした。

78年12月、連盟理事会はゴンドラ建設への反対を決議した。公務員の立場で、県が取り組もうとした計画に異を唱えるのは覚悟が要る。でも教師である前に一市民なんだから、言いたいことは言おうと決めたんだ。

霊峰を傷つけるのか

鳥海山は山岳信仰の対象になり、古くから崇拝されてきたでしょ。矢島口5合目の祓川《はらいかわ》に行くと、水で体を清めてから登る人や、白装束姿の人をたびたび見掛けた。それだけ地元の人の信仰が厚かったんだよね。

だけどゴンドラ計画が持ち上がったとき、矢島町（現由利本荘市）では反対を唱える声がすごく少なかった。全日本スキー連盟から要望を受けた途端、町長や町議をはじめ多くの町民が「いい機会だ。やろう、やろう」の大合唱。あれには驚いたね。霊峰に畏敬の念を抱いていたはずの地元住民が、神聖な山肌を傷つける観光開発をよしとするなんて。信じられないことだ。

反対意見に対する町の対応も、どうかと思うものだった。広報紙にわれわれへの批判を堂々と書き連ねたんだ。「想像によるエゴイスト的な感情論」「反対のための反対」「自然保護の美名を盾にして…」とかね。

〈計画では、5合目から8、9合目の中間点まで延長約2・7キロのゴンドラを設置することを想定。一部は山形県側に及ぶ長大な索道だった〉

町は県に設置促進を陳情して、一緒になって推し進めようとした。県企業局も間髪入れずに構想を練り始めた。でも、県内各地から山岳関係者や医師、弁護士、商店主など、鳥海山を愛するいろんな人たちがすぐに反発したんだ。そんな人たちが集まって、1979（昭和54）年4月に「鳥海山の自然を守る会」が発足した。

そしたら県外の山や植物、野鳥などの関係団体から、守る会に続々と反響が寄せられた。「鳥

ゴンドラ建設が計画された鳥海山矢島口＝1982年5月、祓川から

海山は日本の宝だ」「秋田県は日本の百名山をごみの山にする気なのか」というメッセージがわんさか来た。こんなにファンがいたのかと、びっくりさせられたよ。

あらためて気付かされた。鳥海山がいかに貴重なのかを一番知らないのは地元の人なんだと。

「怒り」こそ原動力だ

鳥海山のゴンドラ計画が浮上する前から、登山口に向かう途中のブナ林は切られてきた。でも林道沿いだけは、50メートルぐらいの幅で切らずに残された。なぜだか分かる？ そうすると、林道を通る人はブナ林が消えたことに気付かないわけ。

ブナを切れば水が濁るし、洪水が起こる。その弊害を知っていたから、林を皆伐することへの後ろめたさもあって、そんな切り方をしたんでしょ。姑息《こそく》なんだよ、とにかく。

青色発光ダイオードの開発でノーベル物理学賞を受賞した中村修二教授（米カリフォルニア大サンタバーバラ校）が言っていたでしょ。「これまでの研究の原動力は『怒り』だ」って。これ、すごくうなずけるなあ。ゴンドラ計画が持ち上がったとき、鳥海山をズタズタにする気かと憤りを覚えて、反対運動のエネルギーになったんだ。

矢島町と県がやろうとしたことは、まるでいいかげんだった。第一、ゴンドラの設置予定地の一部は「国定公園第一種特別地域」に指定されているんだよ。開発行為どころか森林施業（木材生産のための植樹や伐採）も認められていない保護地域なわけだ。山形県にまたがる越境開発だから、お隣さんの許可も必要だ。それなのに秋田県は、勝手に測量して山形県議会で問題にされた。お粗末だよなあ。

鳥海山の自然を守る会のメンバー3人が1979（昭和54）年6月、環境庁自然保護局にゴンドラ反対を申し入れに行ったら、局長は計画を笑い飛ばしたらしいよ。「第一種特別地域でゴンドラなんて…何を考えているんでしょうね」ってね。これで「勝負あり」だったんだ。計画浮上から1年半足らずで決着がついて、町も県も設置断念を余儀なくされた。

昭和30年代以降、鳥海山麓のブナ林は次々と切り倒された

当然の結果だったと思う。学生時代に見たほれぼれするようなブナ林は失われてしまったが、5合目より上は市民の力で守った。これ以上の鳥海山の自然破壊は阻止しなければとの思いが強まった。

開発と保護

次の標的は白神山地

ブナ退治は際限がなかった。1982（昭和57）年4月、青森と秋田をつなぐ「青秋林道」（26・7キロ）の工事に、県が6月にも取り掛かる、と報じられた。

50年代前半から30年間で国内のブナは3分の1が切られたというのに、まだ切るとは。めぼしい森を伐採し尽くし、今度は未開の白神を標的にしたのだろう。奥深い白神の森は本物の自然が眠っている最後の聖域。あそこに林道を造られたら、ブナが全部切られてしまうに違いないと思った。

あのころは鳥海山に限らず、東北各地で森の乱伐と保護のせめぎ合いが激しさを増していた。開発の道を突き進んだ結果、水害が多発し、海産物がとれなくなって、身近な所にどんどん弊害が出始めていた。軌道修正を迫られた時期なんだ。

他県の状況を知ろうと思い、その年の11月、岩手県雫石町で開かれた東北自然保護のつどいに顔を出した。そこで、青秋林道阻止を訴え、必死に協力を求める藤里町の男性に出会った。熱い語り口と真剣なまなざしが印象的だった。

彼は「森がなくなれば水源を失う」と語気を強めていた。聞けば、「秋田自然を守る友の会」という自然保護団体の会長で、町で写真店を営む鎌田孝一さんという方だった。偉い人だなと思ったね。お上の仕事に「ノー」と言ったら、写真の受注が減って窮地に立たされかねないわけでしょ。相当な覚悟と熱意がないとできないよ。

鎌田さんから、友の会がどんな活動をしているか聞いた。「仕事を奪うな」と反発する営林署員を粘り強く説得したり、県野鳥の会と共に建設中止を訴える請願書を提出したりね。青森県側の「青森の自然を

ブナの黄葉が鮮やかな藤里町の岳岱《だけだい》自然観察教育林＝2014年10月

守る連絡会議」と、ブナ原生林を原生自然環境保全地域に指定してほしいと国に陳情までしていた。

地元でこんなに頑張っていたのかと驚かされた。鎌田さんとすぐ意気投合し、「何としても白神を守ろう」と手を取り合うことにした。

6万円から始まった

私は早速、藤里町の鎌田孝一さんの家を訪ねた。彼が営む写真店は町役場や商店が立ち並ぶ通りの一角にあった。着飾った子どもの写真や商品棚を幾つか並べただけのこぢんまりした店構えだった。

青秋林道の工事中止を県民ぐるみで訴えるには、母体となる組織を立ち上げないといけない。奥の座敷に上がって「さあどうする」と2人で顔を突き合わせた。まずは会員集めのビラがほしい、という話になったけれど、考えてみれば資金が一銭もない。「せば取りあえず、3万円ずつ出し合うすべ」と持ち掛けると、鎌田さんも「うーん。んだな」と言って奥の引き出しからお金を持ってきた。

大事な大事な6万円。私は次の日、それを持って秋田市のなじみの印刷屋に行った。そこで「青秋林道はいらない」と書いたビラを5千枚注文した。これが反対運動の始まりだ。そうやって立ち上げたのが「白神山地のブナ原生林を守る会」。1983（昭和

58）年1月のことだ。発足時の会員は150人。会長は千秋公園のたもとに法律事務所を構えていた弁護士の西岡光子さん（故人）にお願いし、鎌田さんが理事長、私が事務局長を務めることになった。全国からカンパも集まり始めた。

当時の私の勤務先は五城目高校だった。関係者と連絡を取ったり、いろんな情報を集約したり、資料を作ったり、マスコミの取材に対応したり。こういうのは全部、事務局長の仕事でしょ。時には学校に電話がわんさかかかってくる。年次休暇を取って中央省庁に陳情に行ったり、県庁や営林局にも頻繁に足を運んだりもする。そうすると学校を空けることもある。

秋田市文化会館で開かれた白神山地のブナ原生林を守る会の設立総会＝ 1983 年 1 月

これは当然、職場の理解がないとできないことだ。でも周りの教職員は嫌な顔一つしないで、いつも「ご苦労さま」という感じで迎え、送り出してくれた。生徒も「先生、頑張って」と応援してくれた。そういう点ではとても恵まれた。

父さん、どうなるの？

市民運動で青秋林道の建設を止められるのだろうか。心の中でそういう思いがずっと渦巻いていた。反対運動の輪が広がらず、しばらく苦しんだから。

1983（昭和58）年には『ブナ林を守る』（秋田書房）という本を出した。白神山地のブナ原生林を守る会の理事の高山泰彦さんが担当した「なぜ自然保護なのか」という章は秀逸で、運動の理論的な柱になった。でも運動への賛同者は思ったほど増えず、壁に突き当たってしまった。

守る会の発足から1年たった84年ごろが、一番つらい時期だったなあ。鎌田孝一さんは藤里町役場や営林署からのフィルム現像や写真印刷の仕事がめっきり減った。店先ののぼりに火を付けられたり、花の鉢が割られたりと、いろんな嫌がらせも受けたようだ。

ある晩、追い詰められてとうとう奥さんに言ったらしい。「お手上げだ。もうこの町に住めなくなった。夜逃げしよう」とね。でも「父さんがやっていることは間違っていない。いつか絶対理解されるから、頑張ろう。その間の生活は私が何とかする」と奥さんから励まされたって。それで救われて、「せばやるか」と再び覚悟を決めたようだ。

私はそんなつらさは味わっていないけど、面白くない思いはした。ある日、高校3年の娘から「同級生から『お前のおやじは高校教師なのに、知事のやることに反対してどうするんだ』って責められた」と打ち明けられた。「ブナはなぜ大事？林道建設の悪影響って何？」という本質的な疑問を娘にぶつけてくるなら分かる。だけど、いくら高校生でもあんな言い掛かりはないよな。

「父さん、白神はどうなるの？」と娘に聞かれ

山あいを縫うように走る青秋林道＝ 1985 年 10 月、八森町（現八峰町）

た。「もちろん、林道建設は止まるよ」と言いたかったけど、何とも答えようがなかった。行政に工事凍結を申し入れても「上の者に伝える」と判で押したような回答ばかり。見通しが立たないことの不安を肌身で感じた。

ブナシンポが転機に

白神山地を守る運動の潮目が大きく変わったのは1985（昭和60）年のことだ。6月に秋田市で開かれた全国初の「ブナシンポジウム」が転機となり、保護運動に取り組む意義が全国にぱーっと広まったんだ。

新聞は特集を組み、テレビ各社は新緑や紅葉の原生林の映像を繰り返し流してくれた。「なんてブナはきれいなんだ。これ以上切っちゃ駄目だ」という雰囲気が一気に浸透して、陰りが見えていた運動に光が差した。あのときのマスコミの力と、世間の変わりようには驚いたね。

シンポを主催したのは日本自然保護協会で、仕掛け人は協会主任研究員の工藤父母道《ふぼみち》さんだった。82年11月、鎌田孝一さんに青秋林道の予定地を案内してもらったとき、「林道が通っていない、こんなに広大な森がまだ日本にあったのか」と感激して、白神の保護に本腰を入れてくれたんだ。おかげでシンポには哲学者の梅原猛さんをはじめ、著名な学者や専門家がいっぱい駆け付けて、講演会や分科会に参加してくれた。

私は裏方に徹して会場や現地見学会のセッティングに奔走した。当時、八森町（現八峰町）では「林道ができれば過疎脱却につながる」と期待する建設推進派がほとんどだった。そういう状況下で、町臨時職員の秋田豊さんは「建設を止めるために頑張っている。町で表立って反対しているのは私一人なんだ」と涙ながらに訴えて、現地見学会に参加した人たちの心を引き寄せた。鎌田さんもブナ写真展を開いた。みんな「ここが勝負どころだ」と感じて、それぞれの立場で必死にアピールしたんだ。

シンポの年の11月27日、秋田魁新報の社説を読んで潮目の変化を実感した。「青秋林道問題は人

ブナシンポジウムについて報じる秋田魁新報の記事

間が自然を守り、自然と調和を図ることがいかに重要かを教えてくれるメルクマール（指標）である」。この後、新聞各社はせきを切ったように林道建設に疑問を唱える社説を打ち出した。

秘策は「異議意見書」

藤里町の鎌田孝一さんが1986（昭和61）年4月、吉川英治文化賞を受賞した。地道な自然保護活動が評価されてね。あれで随分、救われたと思う。「町のためにならない運動ばかりして」と非難されていたのに、ある日を境に「すごい人だ」と見られ始めたんだから。

青秋林道の工事は青森県側の原生林の核心部に迫りつつあった。運動は一番の山場を迎えた。工事を凍結させるには、どうしても新たな作戦を見いだす必要があった。実はあのとき、日本自然保護協会の工藤父母道《ふぼみち》さんがわれわれに秘策をもたらしてくれたんだ。

白神山地は林野庁の水源かん養保安林になっていたから、林道を通すには保安林を解除しなくちゃいけない。でも、解除で不利益を被る人は「異議意見書」を出せる。出されると林野庁は公聴会を開く必要がある。これが奥の手だった。わんさか出せば、解除決定がずーっと先延ばしさせられるわけだよ。

ある種の牛歩戦術みたいなもので、私は正直言ってこれが凍結の決め手になるとは思わなかった。実際、誰が意見書提出に協力してくれるだろうかと考えても、「藤里では彼と彼…。能代では彼か」という感じで、指を折る程度しか思い浮かばなかった。だから秋田県側はわずかな数しか集まらないと踏んだのよね。その程度しか運動への手応えを感じていなかった。

ところが全国に協力を呼び掛けたら、すごい反響。われわれが集めた秋田県扱い分だけで3497通、青森県扱い分と合わせると計1万3202通にもなった。あれは読み違いもいいところ。協力して

藤里町の小岳《こだけ》から見えるブナ林の伐採跡地

くれた人に本当に申し訳ない気持ちでいっぱいだ。

保安林解除によって不利益となるのは、実際は青森県の赤石川流域住民だけだった。じゃあ、それ以外の人の異議意見書は何か。これは林道建設に対する反対の声であり、まさにお上への異議そのものだった。

「あんた方の勝ちだ」

国に提出する異議意見書の取扱窓口は青森県庁だった。秋田県側の「白神山地のブナ原生林を守る会」と青森県側の「青秋林道に反対する連絡協議会」は1987（昭和62）年11月5日、第1次分の計3500通を提出した。

守る会が持ち込んだのは1500通。藤里町では201通も集まった。あの小さな町で大したもんだ。ところが、建設推進派が大半を占めた八森町（現八峰町）は2通、峰浜村（同）は4通。町村によってスタンスの違いがはっきり出たよ。

翌6日、とても驚いたことがあった。仕事を終えて秋田中央高校から車で帰宅する際にラジオをつけたら、青森県の北村正哉知事（当時）が記者会見で「意見書を無視した形で工事を進めたくない」と発言したっていうんだ。そんなこと言うはずがない、何かの間違いだろうと耳を疑った。ところが発言は本当だったんだ。

意見書は最終的に1万3862通になって、このうち1万3202通が受理された。

これほど集まるとは行政側も予想していなかったと思う。公聴会を開くだけでもかなりの時間が必要になり、水源かん養保安林の解除は極めて難しい状況になった。これは事実上、林道工事の凍結を意味するものだった。

その後、秋田県議会棟で会った、ある自民党県議(当時)が「奥村さん、あんた方の勝ちだ」とはっきり言ってきた。県政与党の重鎮だった。でも佐々木喜久治知事(当時)は相変わらずだった。われわれとは一切会おうとしないし、工事を断念するそぶりも見せない。とにかく青秋林道に執着し続けたんだ。

それにしても、北村知事は林道を断固造ると話し

青森県庁で第1次分の異議意見書を提出する(左から2人目)

ていたのに、なぜ心変わりしたんだろう。六ケ所村に使用済み核燃料再処理工場が建設される話があったから、白神の問題でこれ以上こじれるのはまずいと思ったのかな。これは私の想像だけど。

活性化とは

森吉山の山頂部守れ

白神山地が青秋林道の建設で揺れていたころ、森吉山ではスキー場の開発計画が進んでいた。山頂部まで索道を通すという内容で、これもまた、到底受け入れられるものではなかった。

〈国土計画（現プリンスホテル）は1983（昭和58）年、県に進出を伝えた。計画では森吉、阿仁両町（現北秋田市）にまたがる西側斜面に3200メートルと4500メートルの索道2本を設け、ロープウエーかゴンドラを架設。ほかにもリフト数本を設置する構想だった〉

地元の町はもろ手を挙げて歓迎した。「地域活性化の起爆剤」とか、響きのいい言葉をいっぱい並べてね。町民は「これで地域にようやく光が当たる」なんて思ったんじゃないかな。でも、スキーは冬季限定で根本的な地域振興策にはならないし、利益は企業に吸い上げられてしまう。ほかのスキー場を見れば分かったはずなんだけどな。

そのまま開発されたら、せっかく伐採から逃れたブナ原生林や貴重な高山植物の群落がダメージを受けるのは明らかだった。ところが、県は一企業が経営するスキー場のためにアクセス道の建設に乗り出した。計画を縮小させて貴重な自然を残すには、地元住民に故郷の山の素晴らしさを知ってもらう以外、すべはないと思った。

そこに、せめて山頂部だけは開発から守りたいと願う人たちが地元から現れた。キノコ栽培・卸販売会社経営の藤本英夫さんや電気主任技術者の宮野貞寿さん、中学教諭の明石良蔵さん（故人）たち。頼もしかったよ。彼らは86年1月、「森吉山山頂部をスキー場開発から守る会」を立ち上げた。私も後

スキー場の建設が計画された森吉山山頂部＝1984年

方支援することにした。

阿仁と森吉で教師の道を歩みだした私にとって、森吉山は思い出が詰まった特別な場所。景観が大きく変わるのは耐え難いことだった。鳥海山や白神山地で広まった市民運動の輪が森吉山にも広まるよう後押しし、ほかの自然保護団体にも協力を呼び掛けた。

運動が計画を変えた

「森吉山山頂部をスキー場開発から守る会」が特に力を入れたのが自然観察会だった。国土計画は山ごと一つのスキー場にする計画でいたけど、阻止しようと必死で頑張った。ほかの自然保護団体も協力してね。

毎週のようにバスを仕立てて県内外の人を森吉山へ案内し、四季折々の原生林や渓谷などを見てもらった。１９８６（昭和61）年から95（平成7）年にかけて計34回も観察会を開いたから、参加者は延べ数千人に上る。守る会の関係者が出版した『森吉山の自然』という写真集と相まって、「これは守らないといけない」という空気がじわーっと広がっていったんだ。

ほかにもシンポジウムをしたり、山頂部のコメツガ群落などを守るよう県に何度も陳情したり。市民運動がどんどん成熟していくのを肌で感じた。勉強会の会場を貸してもらえないとか、いろいろ嫌がらせを受けてもめげなかったしね。

　結果的にスキー場は建設されたけど、ゴンドラ終点の標高は当初の構想より１００メートル以上低い１１８０メートル付近まで下がり、山頂部はかろうじて開発を免れた。これは間違いなく、地道な運動の成果だ。

〈国土計画は87年、阿仁、森吉両スキー場を開業。スキー客の伸び悩みで採算割れが続き、阿仁スキー場は２００６年12月に米投資会社に売却されることが決まり、森吉スキー場は07年3月に廃業に追い込まれた〉

　紆《う》余《よ》曲折を経て二つのスキー場が造られたのに、国土計画やその後に経営を引き継いだプリンスホテルは20年であっさり撤退。開発前にスキー客の動

森吉山にオープンした森吉スキー場＝1987年12月

向や人口の推移をある程度、見通せたはずなのに。森吉スキー場ではリフトが撤去され、跡地に苗木が植えられたけど、元通りにはならないと思う。

地域活性化、過疎脱却、若者定着。開発段階でこういう言葉を何回も耳にしたけど、地元に残ったものは一体何だったのか。むなしくなるよ。結果をちゃんと検証してほしいもんだ。

こみ上げるむなしさ

鳥海山も白神山地も森吉山も、開発に「ちょっと待った」と市民運動で異議を唱えなければどうなっていただろう。考えただけでも恐ろしい。手付かずの生態系を残しながら活用することを、行政はなぜ模索できなかったのか。

特に森吉山開発での県の対応はまずさが際立った。山頂部は「県立自然公園第1種特別地域」で開発行為は厳しく制限されていたのに、県がこっそり境界線を書き換えて第2種に格下げしたことがあった。ゴンドラやリフトを設置するのに都合が悪かったんだろうね。

環境影響調査（アセスメント）でも不正があった。スキー場開発はクマゲラやイヌワシの繁殖や生息に影響を与えると判定されたのに、県は影響が小さいなどとねじ曲げて報告した。担当職員が勝手に改ざんするわけがないから、誰かが指示したんでしょう。歴史に残る汚点だ。

私たちだって好きこのんで反対運動をしたわけじゃない。秋田県を何とかしたいと思ってやったことだ。でも県の構想はどれも先見性や妥当性に乏しいと言わざるを得なかった。運動がうまくいって開発を阻止してもうれしさよりむなしさがこみ上げたのは、そのせいだと思う。

市民運動に携わる中で、自然保護団体同士の横のつながりが何より効果的で大切だと気付いた。情報やノウハウを共有すれば心強いし、新たな問題に直面しても対処しやすい。青秋林道の問題が決着した後、各団体の代表が集まる会合で、私は「県全体の連絡協議会のような団体をつくろう」と呼び掛けた。

県の林務部長に青秋林道の工事凍結を申し入れる（中央）＝1987年11月

その流れで発足したのが「県自然保護団体連合」。1989（平成元）年6月のことだ。9団体が加盟し、私は代表理事になった。加盟団体の主体性を尊重し、要請があれば連合として力を貸すような運動方式を取ることにした。大潟村のゴルフ場造成、男鹿半島の砂防えん堤など取り組むべき問題は事欠かなかった。

誘致反対

次世代につけ残すな

県自然保護団体連合ができてすぐ、大王製紙の秋田市進出に反対する運動に取り組むことになった。これは健康や暮らしと密接に関わる公害、いわば環境問題。それまでの自然保護運動とはちょっと違ったんだ。

〈県は1988（昭和63）年、大王製紙と工場誘致に向け折衝を開始。県と秋田市、大王製紙は89年1月、工場進出の覚書を交わし、操業開始を95年7月とした〉

あのころはバブル経済の絶頂期。県は玉川ダムにためた工業用水の供給先を確保したかっただろうし、大王製紙は紙需要の伸びを見据えて東日本の拠点が欲しかったと思う。両者の思惑が一致したわけだよね。

県は70年、秋田湾を埋め立てて製鉄所などを配置する開発構想を描いたけど、石油ショックなどで挫折した。製鉄所を当てにしていた玉川の水は垂れ流すばかり。県はそういう切迫した状態で買い手を見つけ、活性化だ、雇用創出だ、とお決まりのうたい文句を打ち出したんだ。

でも、悪臭や廃水で海が汚染される懸念がどうしても拭えなかった。それは多くの市民も実感していたと思う。秋田湾には既に東北製紙（現日本製紙秋田工場）があって、「あの薬臭いやつか。あれはもうたくさんだ」って口々に言うわけ。だから運動の趣旨を説明するまでもなく、反対の声がわーっと大きくなっていった。

運動でイニシアチブを取ったのは医師が多く参加する「秋田食品公害・医療公害をなくす会」という市民団体。事務局を担当したのは佐々木クミさんだった。彼女は問題点をしっかり見抜いて、役割を全力でこなした。いつも感心させられ

覚書を交わし、会見する佐々木喜久治知事（当時、右から2人目）ら＝1989年1月

たよ。

われわれの団体連合も問題意識を共有し、91年2月になくす会と共に「大王製紙の進出に反対する会」を結成した。代表は弁護士の沼田敏明さん、医師の渡辺新さん、私の3人。環境汚染という取り返しのつかないつけを、次世代に残すわけにはいかないと思った。

猛毒が垂れ流しに？

秋田港に大王製紙の秋田工場が進出するという話が浮上してまだ間もない1990(平成2)年10月。愛媛県川之江《かわのえ》市で捕れたボラなどから高濃度のダイオキシンが検出された、と愛媛大の研究グループが発表した。発生源は製紙会社とされ、環境汚染がクローズアップされる大きなきっかけになったんだ。

川之江市は隣の伊予三島市(いずれも現四国中央市)とともに西日本屈指の製紙工業地帯。その筆頭格が大王製紙でしょ。秋田工場ができるとなれば、市民が「秋田湾に猛毒が垂れ流されるのでは」と懸念を強めるのは当然だ。悪臭に毒物の公害も加わったら、ますます誘致なんて認めるわけにはいかない。

今でこそダイオキシンは発がん性や、生殖器官などに悪影響を与える環境ホルモンとしての有害性が指摘され、健康への危険性が知れ渡っているけど、当時は「ダイオキシンって何?」という感じだった。もちろん私もよく知らなかったから、資料を読みあさって夢中で勉強した。

いろいろな資料から判断すると、ダイオキシンは青酸カリの千倍の毒性があるらしい。この量を示すのに「ピコグラム」という単位を使う。ピコは1兆分の1。こんな聞き慣れない単位を使って話をしても、一般の人には健康への危険性がすんなり伝わらない。分かってもらうのは至難の業だよ。

このとき大きな力になってくれたのが元東大医学部講師の高橋晄《こう》正《せい》先生（故人、仙北市生まれ）。市民向けの講演会に手弁当で何度も足を運び、懇切丁寧に説明してくれた。ベトナムの枯れ葉剤被害の取材をした報道写真家の中村梧郎さんとか、一線級の専門家が何人も駆け付けてくれたんだ。これで随

大王製紙の秋田市進出に反対を唱えた市民運動

分、市民の理解が進んだように思う。

でも一方で、低毒論を唱える秋田大教授がいたし、佐々木喜久治知事は「大したことない」という趣旨の発言を繰り返した。行政は都合の悪い話にはかたくなに耳を貸さないもんだね。

秋田には来る気ない

1992（平成4）年7月、大王製紙の進出に反対する会が中心となって秋田地裁に住民訴訟を起こした。秋田工場に供給される工業用水が安過ぎるという観点で、県と市の補助金差し止めなどを求めたんだ。

勝訴した1審と2審を合わせ、口頭弁論は45回、提出書類は379点。大変な数だよ。原告団事務局長の佐々木クミさんや私たちは官庁への申し入れや陳情を80回やった。集まった反対署名は5万人分を超えた。

大王製紙は訴訟の最中に進出を4度延期し、結局断念した。今考えると疑問なんだ。あの会社は本当に秋田に来るつもりがあったのかな、とね。だって国内屈指の規模の工場を造るというのに、社長が一度も住民の前に姿を見せないなんて。そんなものかな。企業の盛衰が懸かる大規模工場を建てるなら、住民説明会を開いて死に物狂いで説得するはずだよ。

93年4月に初めて延期を申し出て、11月に2度目の延期。あー、これは来る気がないなと思ったね。一部の県議も同じことを言っていた。県は定期預金を担保に取る強硬策に出たけど、そんなんじゃ相手の心は離れるばかりだよな。

住民訴訟は2001年10月9日に和解が成立した。そして、その日のうちに反対する会の解散会をやったんだ。クミさんは重い荷物を背負って我慢して走り続けたから、大変だったと思う。弁護士の沼田敏明さんや虻川高範さん、狩野節子さんは、手弁当で最後まで市民運動を支えてくれた。本当にありがたかったね。

進出断念が決まったことで、県は玉川の水を上

1審での勝訴を喜ぶ住民訴訟の原告団と支援者＝1997年3月、秋田地裁

水道に転用する代替案を示し、太田町（現大仙市）の真木ダムの建設中止を決めた。市民運動は税金を節約する副次効果を生んだわけだ。工場進出が計画された秋田港の跡地は、再生可能エネルギーの基地として利用したらいいんじゃないかな。風力発電でも太陽光発電でもいい。

生徒は私を見ていた

鳥海山のゴンドラ計画が持ち上がったのが1978（昭和53）年、そして大王製紙の住民訴訟が決着したのが2001（平成13）年。この間、私生活のほとんどを市民運動に費やした。教師と二足のわらじを履いたけど、授業をおろそかにしたり、生徒をないがしろにしたことはない、と自分では思っている。精いっぱい生徒と向き合った。

大王製紙の誘致反対を訴えたのは秋田中央高校に勤めていたころ。生徒はあのとき、自分たちが住むまちのことだから、誘致問題にものすごい関心を示した。「先生、あの問題どうなったすか？」と頻繁に声を掛けてくれた。当然のことながら、反対運動のことは授業で一度も口にしなかったけど、私のことをずっと見ていてくれたんだね。いつも感激させられたよ。

県高校放送コンテストで、中央高の放送部が誘致問題をテーマに番組を作って入賞したことがあった。そのタイトルを聞いて仰天した。ずばり「奥村清明の主張」だって。

うれしいけど何だか照れくさいし、責任は感じるし。あれには参った。個性的な教師に見えたのかなあ。

学校現場は好きだったけど、私は1992（平成4）年に中央高校に籍を置いたまま県高校教職員組合の委員長になった。自分からやろうと思ったわけじゃないけど、前任の斎藤重一さんから推薦されて、結局6年間務めた。

鳥海山から始まった市民運動では一貫して組合員が支援してくれたから、その恩返しをしようという気持ちが強かったんだ。特に白神山地の青秋林道の建設を阻止するための「異議意見書」を提出するときは、組合員がみんな協力してくれた。あれがすごく大

秋田中央高校で教壇に立つ＝1987年ごろ

きな力になって、ありがたかった。

県教育委員会には1クラス30人以下の学級を実現するよう訴えたり、教職員の大幅増を求めたり。いろいろやったなあ。学校と高教組を行ったり来たりしながら、98年に定年退職を迎えました。

遺産の誕生

名実ともに世界の宝

白神山地が鹿児島県の屋久島と共に日本初の世界遺産に登録されたのは1993（平成5）年12月9日のことだ。あれからもう22年。あっという間だね。

〈遺産地域はブナ原生林がそっくり残り、世界的にも希少と評価された。面積は1万6971ヘクタールで、うち本県側は藤里町の4344ヘクタール〉

政府が世界遺産への登録を推薦したのが92年10月。このころはまだ世界遺産の価値や、登録後にこれまでとどう変わるのかといったことがよく分からなくて、ぴんとこなかった。

それより前の90年4月には、ほぼ同じエリアを林野庁が森林生態系保護地域に指定し、92年7月に環境庁も自然環境保全地域に設定した。この時点で、原則として人手を加えずに保全されることは既に法的に裏付けられたんだ。これは原生林に対する国の視点が「木材生産の場」から「保全の対象」へと切り替わった象徴的な出来事で、粘り強くブナ林保護を訴えた市民運動の大きな成果だった。

　世界遺産に登録されると、さらに強い保護の網が掛けられるはずだから、歓迎すべきことだと思った。登録が決まったとき、名実ともに世界の宝になったという実感が少しずつ込み上げてきたよ。

　でもその後、観光客が激増してブナの根元が踏み固められたり、オオバコのような里の植物が山の稜線《りょうせん》部ではびこったりと、いろんな弊害が出てきた。遺産登録が白神を荒廃させる事態を招いては本末転倒だよね。屋久島では観光客が多過ぎて、山のトイレの処理が追いつかなくなって沢

日本初の世界遺産に登録された白神山地＝2002年12月、二ツ森から

の水質が悪化したり、ティッシュペーパーが散乱したり、もっとひどい状況になったでしょ。

自然を利用することと、守ることの折り合いをどこでつけるか。いつだって忘れちゃいけない。そしてどっちを優先するかとなれば、やっぱり保護にウエートを置かないと駄目だよ。宝が宝でなくなっちゃうもの。

規制は続けるべきだ

世界遺産になった白神山地は、国の管理計画に基づいて保全されている。ただ、同じ核心地域でも青森県側と本県側では管理方法が違う。1997（平成9）年に決まった入山ルールでは、青森で指定ルートに限って許可制としたのに対し、秋田は原則禁止。青森はさらに緩和して2003年に届け出制に移行したんだ。

これは「核心地域で生活の糧を得ていた人がいたか」などいろんな背景や見解を踏まえた上で決まったルールだから、どっちが良いとか悪いとか、そういう観点で語るべきものではない。でも私としては、林野庁が森林生態系保護地域に指定したわけだから、生態系を大事にする意味で原則として入山を遠慮してもらうべきだと思うね。「遺産を積極活用すべきだ」とか「両県で整合性を取るべきだ」とか、本県側の入山規制の緩和を求める声があるのは承知しているけど。

白神で最も大切にしたいものの一つは、ジーン・プール（遺伝子資源）なんです。原生林には未知の微生物がまだいっぱい存在していると考えられている。腐葉土から見つかった「白神こだま酵母」はその代表格でしょ。耐冷性や発酵力に優れていることはよく知られている。でも入山者が自由に立ち入ることができるようになれば、雑菌が持ち込まれてしまい、この貴重な環境が壊されて、世界遺産の価値を失ってしまう恐れがある。

「国有林なんだから国民は自由に入山する権利がある」と主張する人もいる。でも、例えば国道だって国有地。ここの真ん中を自由に歩く人はいるかい？　利用するにはルールに従わないと。国有林も同じだよ。

新緑に包まれた白神山地の山並み＝ 2005 年、小岳《こだけ》から

白神山地は、秋田県が子どもたちに残せる最大の遺産じゃないかな。できるだけあのままで引き継いでいくことが、私たちの責務だと思うね。日本で1カ所ぐらい、人間が立ち入れないエリアがあってもいいじゃないか。

自然保護は人間保護

「自然保護運動を一生懸命やるのはなぜですか」と聞かれることがある。私は簡潔に答える。自然を守らないと人間は持続的な生活を送れなくなる。自然保護は人間保護だからです、と。自然破壊が進むと、人間の生活に影響が及ぶ。地球温暖化や酸性雨はそのいい例だ。

例えばダム建設は、森の栄養分を含んだ水が海に注ぎ、海から魚が遡上《そじょう》するというサイクルを途切れさせる。森林の乱伐は生態系のバランスを著しく壊す。よほどの事情がないと、こういう開発はやっぱり看過できないね。水質悪化や魚介類の減少といったいろんな弊害が出るのは自明の理だから。

これまで私が携わった運動を一言で表現すると、「行政との対立」だよね。行政当局は地域活性化という名の下に自然を壊す当事者になり、違法行為まで犯して開発に躍起になった。だけど、先見性のない開発計画が逆に市民運動を育て、成熟させた面もある。運動は単に自然が傷つけられるのを阻止しただけでなく、県民の自然や環境に対する意識を高める成果も生んだんじゃないかな。

「霊峰を守れ」とか「地域のシンボルをごみの山にするな」とか、県民がそういう倫理観を失っていなかったからこそ、運動が広がり、行政と対峙《たいじ》できたんだと思う。運動をやってきて良かったと感じたのは、そういう倫理観に触れたときだね。

これからも開発行為には目を向けていかなければならない。県内では国定公園内で地熱発電の調査が行われたり、地下深くの岩盤を破砕して原油を取り出す試みが始まっている。脱原発や再生可能エネルギーの導入を望む世論が、新たな開発

岩手県の姫神山山頂で。右後方は岩手山＝2007年4月

行為に利用されていないだろうか。もっと議論が必要だと思うね。

でも今の若い世代は環境問題に敏感だ。ネットを駆使して賛同者を増やすすべも知っている。いざというときには、声を上げて動きだしてくれると、私は信じているんだ。

本書は秋田魁新報の連載記事「シリーズ　時代を語る」（２０１４年10月27日～12月６日）を一冊にまとめたものです。一部加筆・修正しました。

（聞き手＝小松嘉和）

年譜

奥村清明　略年譜

1937（昭和12）年	11月22日、父・新一と母・梢の長男として本荘町（現由利本荘市）谷山小路に出生。父は社会科、母は数学科の教師
1941年	父の転勤に伴い、一家で秋田市に移住
1953年3月	秋田大学学芸学部　附属中学校卒業
1956年3月	秋田県立秋田高等学校卒業
1960年3月	秋田大学学芸学部　一甲英語科卒業
9月	阿仁町立阿仁合小学校へ助教諭として赴任
1961年4月	森吉町立米内沢中学校へ教諭として採用赴任
1962年	大館山岳会に入会
1963年4月	秋田県立米内沢高等学校へ転勤
1964年1月	大館鳳鳴高等学校山岳部　岩木山遭難発生　救助隊として参加

１９６５年４月　秋田県立金足農業高等学校へ転勤
秋田山岳会に入会

１９６６年３月　高橋政子（秋田大学学芸学部一甲理科卒業、同期生）と結婚

１９６７年４月　秋田県山岳連盟　理事　１９８５年まで

１９６９年４月　秋田県立秋田工業高等学校へ転勤

１９７０年　日本山岳会に入会

１９７３年７〜８月　ヨーロッパ・アルプス遠征。モンブラン、メンヒ、モンテローザ、マッターホルンに登頂。その後、外国の山はキリマンジャロ、エルブルース、ネパールヒマラヤ、カナデアンロッキーなど

１９７７年　「秋田の山―登山者とハイカーのために―」（無明舎）出版

１９７８年４月　秋田県立五城目高等学校へ転勤

１９７９年４月　「鳥海山の自然を守る会」結成に参加

１９８３年１月　「白神山地のブナ原生林を守る会」結成に参加。事務局長となる

1983年11月　「ブナ林を守る」（共著　秋田書房）出版
1984年4月　秋田県立秋田中央高等学校へ転勤
1986年1月　「森吉山山頂部をスキー場開発から守る会」結成に参加
1989(平成元)年6月　「秋田県自然保護団体連合」結成に参加。代表理事となる
1990年　「ブナの山々」（共著　白水社）出版
1991年2月　「大王製紙の進出に反対する会」結成に参加。代表（3人）の1人となる
1992年4月　秋田県高等学校教職員組合の執行委員長となる
1998年3月　定年退職
1999年1月　秋田男声合唱団結成に参加
2000年10月　「秋田の山登り50」（無明舎）出版
2001年6月　「秋田のハイキング50」（無明舎）出版
2005年3月　「白神山地ものがたり」（無明舎）出版

あとがきにかえて

秋田魁新報社記者の小松嘉和さんに、はじめに来宅いただいたのは、昨年の8月下旬でした。それから14回ほど通っていただき、録音したものを40回に分けてまとめてくれました。もつれきった糸をほぐして、ポイントを定め、読みやすく編集してくれたのは、さすがだと感心しています。私の時代は、暗黒の戦争下から、一転、混迷の飢餓の時代に変わりました。やみくもに突っ走った経済成長のあとに残されたものは、背負いきれない膨大な借金と、若年人口の急減、地域文化の崩壊、社会の基本となる食糧とエネルギーを決定的に欠く国の姿でした。地球には水循環と生物の敵対的共生の二つの能力があると言われています。他の生物はこの地球の能力に沿って生きてきました。だから何百万年も生存できたのです。現生人類は、わずか16万年前に、アフリカに生まれただけです。そのわずかな期間に、地球の能力を削ぐことばかりしてきました。地球が処理できない廃棄物を垂れ流してきました。自然の生態系を維持してきた大型動物たちを、人間は食べつくし、まだ今でも殺しつくしつつあります。ただただ、人間の欲望のためです。人間の社会がかろうじてこれまで維持できたのは、人間の知性があったからでしょう。知性とは、モノやカネから離れて最善の方法を考え抜く力です。考え抜くのは、人間にしか出来ないからです。いまこそ、地球という生態系のルールに沿って生きる倫理が、求められていると思います。この本でも多くの問題を取り上げました。それらを少ないページで述べて理解していただくのは、本当に思い上がりというほかはありません。この機会に、自然を保護する、守る、自然のルールに従う、それが、どういうことに結果することになるのか、少しでも考えてくだされば、それに優る喜びはありません。

２０１５年５月

奥村　清明

守りたい森がある

定　　価　　本体 800円＋税
発 行 日　　2015年5月25日
編集・発行　　秋田魁新報社
〒010-8601 秋田市山王臨海町1－1
Tel. 018(888)1859
Fax. 018(863)5353
印刷・製本　　秋田活版印刷株式会社

乱丁、落丁はお取り替えします。
ISBN978-4-87020-370-9 c0223 ¥800E